meu
canto

I0521864

meu canto

Gisele dos Santos Lemos

meu canto

VINHA
DE LUZ

Belo Horizonte
2019

VINHA DE LUZ
SERVIÇO EDITORIAL

EDIÇÃO: Vinha de Luz Serviço Editorial
Departamento Editorial da Casa de Chico Xavier
Av. Álvares Cabral, 1777 | 20º andar | Sala 2006
Santo Agostinho | 30170-001 | Belo Horizonte | MG
(31) 2531-3200 | 2531-3300 | 3517-1573
www.vinhadeluz.com.br — informacoes@vinhadeluz.com.br
www.casadechicoxavier.com.br — informacoes@casadechicoxavier.com.br

COORDENAÇÃO EDITORIAL
Célia Maria de Oliveira Soares | Geraldo Lemos Neto | Gisele dos Santos Lemos

PROJETO GRÁFICO | CAPA | DIAGRAMAÇÃO
Célia Maria de Oliveira Soares

FOTOGRAFIA DA CAPA
Gisele dos Santos Lemos aos 5 anos | Acervo pessoal

PROFESSORA DE LITERATURA | ESCRITA CRIATIVA
Barjute Bacha

REVISÃO TÉCNICA | NORMATIZAÇÃO
Célia Maria de Oliveira Soares

CONTATO
gslemos@gmail.com

1ª edição – 2.000 exemplares | 2019

Dados Internacionais de Catalogação na Publicação (CIP)
(Câmara Brasileira do Livro, SP, Brasil)

Lemos , Gisele dos Santos
　Meu canto / Gisele dos Santos Lemos ;
[coordenação Geraldo Lemos Neto , Célia Maria de
Oliveira Soares ; Barjute Bacha] . - - Belo Horizonte :
Vinha de Luz Editora, 2019 .

　　ISBN 978-85-63716-41-5

　　1 . Poesia 2 . Poesia brasileira 3 . Prosa poética
I . Neto , Geraldo Lemos . II . Soares , Célia Maria de
Oliveira . III . Bacha , Barjute . IV . Título .

19-27322　　　　　　　　　　CDD-B869 . 1

Índices para catálogo sistemático :

1. Poesia : Literatura brasileira　B869 . 1
2. Prosa poética : Literatura brasileira　B869 . 1

Iolanda Rodrigues Biode - Bibliotecária - CRB-8/10014

"(...) Para louvar a Deus como para aliviar o peito, (...) cantar minha vida e trabalhos é que faço o meu verso. E meu verso me agrada.(...)"

Carlos Drummond de Andrade

Todo amor e gratidão aos meus irmãos
Joyce Lemos Arantes e
Geraldo Lemos Neto.

Todo carinho aos amigos
Giovani Vieira Guimarães e
Raphael Couto Machado.

Q uando Gisele dos Santos Lemos abriu os seus arquivos de textos para reler os escritos dos últimos tempos, não ocorria-lhe a ideia clara de publicar um livro.

Naquele momento, as expectativas não iam muito além da leitura crítica dos poemas guardados. O desejo, no entanto, de conversar com a matéria vivida e, também, recriar o já escrito, levou a poeta a compor este volume de poesias.

Meu canto encerra um bom e necessário diálogo poético. Nos versos de vários poemas, é fácil encontrar os vestígios da poeta que se faz leitora e da leitora que se faz poeta. O gosto pelos livros revela-se um precioso legado paterno. É um hábito sedimentado. É uma lição aprendida desde os tempos de meninice.

No ambiente familiar, coube ao pai oferecer uma biblioteca. Ele permitiu que a filha Gisele conhecesse os nomes de alguns importantes autores. Cada livro da estante chama a atenção da jovem para os clássicos de língua portuguesa e brasileira. O convívio próximo com o melhor da tradição literária, como Eça de Queiroz, Machado de Assis, Monteiro Lobato cristalizou-se na forma de gosto pelo literário. Ao longo desse processo, a leitura definitivamente transformou-se em escrita e as duas atividades, solidárias, passaram a emprestar sentidos para o vazio das palavras e do existir.

No volume de **Meu canto**, diferentes textos, como "Anoitecer", "Em tarde ser", "Interestelar", relacionam-se com a paisagem natural. O cenário urbano aparece na pequena crônica "Mundo", onde a voz declara: *"Sou filha da Savassi (...)"*. O tempo, por sua vez, aparece personificado e ganha contornos de um delicado e irônico humor nos versos do breve "Semanário":

> *"A segunda é gorda*
> *A terça é magra*
> *A quarta é fina*
> *A quinta aguarda*
> *A sexta promete*
> *O sábado, sétimo selo*
> *Domingo, abafa, abafa, abafa".*

O diálogo com obras de autores diversos exibe o gosto pela leitura dos grandes clássicos do modernismo brasileiro. Em "Colóquio", por exemplo, a poeta endereça, no formato de versos, uma carta a Rubem Braga. No decorrer da leitura dos poemas, o leitor certamente encontra os vestígios intertextuais das obras de Carlos Drummond de Andrade, Manuel Bandeira, Vinícius de Moraes, entre outros.

Merece atenção a conversa com a produção literária de Clarice Lispector. A profunda identificação com a prosa dessa autora aparece em "A espera que o domingo passe" e também no poema "Estrela" – título inspirado na própria prosa de Clarice. A poeta, identificada com as personagens da consagrada autora, declara:

"(...) Sou Macabéa,
sou cartomante
e todas as linhas
de suas lidas."

Os versos livres, concisos, ora brancos, ora rimados, oferecem uma musicalidade bastante singular porque se ajustam ao ritmo de cada circunstância textual. A insistente exploração do diminutivo, por exemplo, no texto dedicado à "Nhinhinha", protagonista do conto "A menina de lá", de João Guimarães Rosa, não se dá ao acaso – sua função é a de reafirmar a força sobrenatural, mágica, da criança e, por extensão, expressar a força criadora da própria infância.

O uso recorrente de imagens metafóricas permite o leitor surpreender-se com cenas comoventes, revestidas de lirismo, como a que aparece no poema "Rosas". Ali movimentam-se duas rosas: a primeira é a que o pai entrega à filha mulher, é a vida; a segunda remete à morte, uma vez que é a flor que a própria filha atira sobre a sepultura do pai. A ternura e a delicadeza dos gestos encenados aparecem com nitidez nos seguintes versos de "Rosas":

"(...) E devolvi-lhe
na despedida
a rosa que outrora
ele me dera, eu mulher.

Duas rosas, uma cor:
vermelha.
Minha face corou-se
de emoção
ao sentir que ele levou,
além margem, a rosa
que me dera em vida. (...)"

Tomadas como metáforas, as duas rosas associam-se aos movimentos do ler e do escrever, do escrever e do ler. São movimentos de um fazer poético em que Gisele dos Santos Lemos enlaça e alia palavras – tece diálogos com o universo circundante, estabelece conversações com o seu leitor. Esses exercícios literários tratam, sobretudo, de seu compromisso com a literatura significativamente registrados em versos do poema "Alianças". Vejamos:

"Não sei o que faço.
Quero que a minha poesia
se case com a inspiração! (...)"

Publicado com destaque no volume **Antologia Poesia Livre – Concurso Nacional – Novos poetas/2018** e também na **Coletânea Prosa & Poesia 2018** pela Academia Mineira de Letras, "Poeminha" ocupa um lugar especial neste volume ao interrogar:

"(...) O que é poesia?
Reticências,
travessão.

Vírgula
ponto e vírgula.

Exclamação!
Dois pontos:
Pingos nos is?
Interrogação? "

Meu canto chega às mãos do público para revelar a força criadora e a sensibilidade de Gisele dos Santos Lemos – uma poeta e sua incansável busca da melhor poesia.

– Barjute Bacha –
Professora de Literatura | Escrita Criativa

Bato ponto aqui
todo dia.

Todavia,
pequei na mão,
errei...

O que é poesia?
Reticências,
travessão.

Vírgula
ponto e
vírgula.

Exclamação!

Dois pontos:

Pingos nos is?
Interrogação?

poeminha

alianças

Não sei o que faço.
Quero que a minha poesia
se case com a inspiração!

Já joguei a isca
não para o peixe...
Poesia, encanto de sereia!

Marquei encontro
num clube de esquina!
Solfejei um Vinícius,
quatro, quatro, três, três,
firma reconhecida!

Entre suspiros...
Interjeição de Drummond!
Oh, pedra...
Nenhuma no caminho.

Fui de Ana Cristina,
pé ante pé,
moça do salto alto,
conquistar minha poesia
e nada!

Ela caminha árida,
figueira seca.
O gênero é feminino.
Inspiração, igualmente
artigo feminino.

Quem é a noiva dessa história?
Véu e flores de laranjeira,
cantiga de Bandeira
ornam minha menina moça,
num porvir de moça mãe.

Gota a gota,
jogo um Leminsk no papel,
um raio...
haikai!

A energia?
Na reserva!
E no rumo dessa prosa
não serei Gullar, Cecília, Adélia.

Inconfidências:
não os conheço muito bem.
E são tantos!...
Só de vista, conhecidos!

Lira, liras inaudíveis...
Sonoro passarinho emudecido
por meu tormento,
sonoro sofrimento.

Silêncio.
Sem munição,
confesso:
serei noiva abandonada no altar
ou noivo
à espera da noiva chegar?

Quem passará o bastão?
De que maneira darei a mão poética
para a inspiração?

continência

em

Papel em branco
por que te temo,
temo tanto?

Obediente,
reverencio o teu silêncio.
Limitada, paciente.

Aguardo matizes.

Tons, texturas, compassos,
poucos, finos traços...
– A Pomba da Paz –
tal qual Picasso.
E o semear de seu vazio?
Seara de versões, verdades,
minha legítima frutificada.

Papel é ofício,
papel é carta.
Palavras de amor.

Confissão,
bilhete,
anotação.

Papel em branco,
impotente, caminho, perscruto...
Qual a função de minha poesia?

As cartas de amor
já não existem.
E só.

Num intervalo,
entre a ponderação
e a meditação,
faço a minha confissão:

sou diplomada
e minha matéria,
em moeda, vale nada!
Nem vintém,
nem tostão,
nem conto de réis!

Sou datilógrafa,
asseverada na Asa da Casa.
Meu trunfo:
digitação ligeira!

Meu segredo:
transcrição...
Cartas de amor
a serviço de iletrados.

Neste pungente relato
fica aqui registrado
o meu lamento,
o meu drama,
o meu pranto.

O amor, outrora papel,
envelopes, selos,
remetente,
destinatário...

Finito.
Tempos modernos!

correspondência

coleção

Vivo disto:
pescar palavras
num universo oceânico.

Junto os peixes fisgados
com pássaros, palavras
que busco na imensidão do céu!

Na terra, encontro
tubérculos, folhas à mostra,
indício de nutrição.

No fogo das cinzas,
algum pedaço de letra,
indicação, orientação!

Tesouros meus,
essas conciliações.

Se você me der um níquel de reconhecimento,

retribuirei na moeda da fé.

Rogarei aos céus:

Deus lhe pague!

Papel vazio.
Recheio
com versos, palavras, trovas, quadras...
Conversa vai vem
volta.

Todavia
a folha
repleta de letras
símbolos
conserva-se
sem história, sem memória.

As palavras
traçadas
refletem
o vazio...
As circunstâncias
do coração.

Entretanto
a antagonista
do papel
está presente:
memória.

Fresca, traz
ao real instante
portas abertas
sentidos...

olfato
paladar
visão
audição
tato...

arquivo

Tateando suave,
vou nas gavetas de
recordações
ver o que é saudade.

Resquícios...
Costuro um manto
de retratos.
Reminiscências...
Lembranças.

E as memórias são
folhas repletas
de significados.

Relíquias...
Antiquário!

E Deus assim o fez
aos que ousaram se desnudar em papel:

pena longa aos de pena leve.
Prisão perpétua,
palavras para sempre
no tempo presente.

Pena curta aos de pena pesada.
Pena de morte
no paredão de papel.

Cenas de uma época
de uma língua morta.

Como sei disso tudo?

Ora, um passarinho
de poucas penas
e pé quebrado
contou toda a história
tim-tim por tim-tim...

sentença

Numa clarividência:
o desejo insurgente...
A carta ao velho Rubem,

– escrever ao velho Braga?
Um crônico poeta da prosa
De língua portuguesa
Amante dos pássaros
Dos peixes
Das aventuras no mar
Anzóis
Vara de pescar
Cidade de Copacabana.
Correspondente de guerras
Repórter do assovio...
Bem-te-vi!
Bem-te-vi!

Fabricante de crônicas diárias
Deleite de seus leitores...
Destinatários certos:
amantes da palavra incessante.
– Não... Não, escrevo ao velho Braga.

colóquio

Falta-me coragem... No entanto
chego perto de ti e já estou mareada
A náusea do encontro não marcado
O velho e o mar...

Sou das montanhas de Minas
Belo Horizonte que conheces
Permito-me apenas uma aproximação:
Moço,
Não, muita intimidade!
Rapaz,
Sim, já vi foto do rapaz Rubem Braga!
Deve ser chamado de rapaz...
Oh, rapaz, confesso a ti:
estou chateada...
Minhas rimas assimétricas,
sempre crio de ouvido, iletrada
e sem saber o que são versos alexandrinos,
sonetos, rima rica, rima pobre,
rima rara, rima preciosa, verso branco,
hoje tudo é possível!
Rogo por sua resposta, Rubem.
Qual é o ofício do poeta?

O crônico, sem hora marcada.
Tu fostes sempre compromissado,
com a hora do pão quentinho,
do leite entregue em porta!
Não mais contemplar, esperar.
Expirar e inspirar.

Quero ser como tu, jovem rapaz.
Fazer do efêmero, agora,
a prosa pura, poética!

Faço outra confissão:
amo o momento em que apoiastes a senhora aflita
na poltrona do avião, ao seu lado.
És homem sério e cônscio de seu dever.
Oferecestes o ombro amigo às aflições da passageira.
Entretanto, ciente da morte iminente,
não quisestes morrer.
Nem vistes o filme de sua vida.
Fiquei confortada,
também não quero morrer.
A tua indignação amainou as minhas aflições.

Rubem, mais um dedinho de prosa:
eu quero escrever a maior palavra de nossa língua,
rimá-la com outra semelhante, num gol de letra.
Contudo desconfio que as maiores palavras de
nosso dicionário são menores, em significado,
do que esta bem simples:
– amor...

Com amor, despeço-me de ti.
Muito amor, rapaz, mas muito.
Não sou prosa crônica,
porém, neste exato momento,
percebo-me
carta carinhosa!

(...)

Desorientei-me em diários sem rumo, sem forma decifrável para o outro. No acaso de um sonho anotado, na madrugada, rabisquei algumas rimas e o rio desaguou no mar. Os traços se enamoraram nas linhas do rigor poético. No gênero do meu eu mais que perfeito, afinei o pincel. Olhos e mãos exaustos repousam num pátio liso, alvo: o papel em branco, pronto para ser semeado.

E o prazer de me saber finita em *Alguma prosa poética*, tantos significados numa só terra. Há o gozo final, a satisfação do dever frutificado.

entardecer

A chaleira assoviava
e, ao som do apito,
audição,
água fervente.
O café da tarde,
olfato.
Leite quentinho,
xícara, tato.
O sabor do pão francês,
manteiga, açúcar,
paladar.
E, ao passar no corredor de casa,
as cores dos livros na estante
aguçavam meus olhos...
Fitos, a olhar, visão:
Monteiro Lobato,
coleção em vermelho.
Enciclopédias, variados tons.
E num exato momento
enlaçada por Eça de Queiroz!
Edição portuguesa,
completa, em capa azul.
Adolescência.
Reminiscência...
Final feliz.

Já fui daqui para lá,
de lá para cá.
Agora teimosa,
pura teimosia.
Não saio de mim
para nenhum
outro lugar.

recinto

Existirmos:
a que será que se destina?
– Caetano Veloso –

A lágrima que não chora
vira pedra nos rins,
coração.
Entope veias, artérias,
embolia,
pulmão.
Tira o oxigênio do balão
que nos sustenta a vida,
ampara, ó sina...
A ser humana
solidão.

recaída

Sou filha da Savassi, criada nos anos 70. O meu mundo, naquele cenário. Tempo menos corrido, calmaria, casas e casas.

Menina, dava voltas de velocípede e patinete; maiorzinha, de bicicleta, na minha rua. A ousadia: tocar a campainha do vizinho e sair em disparada... Ufa!

E o louco... Eu morria de medo do mendigo do saco cheio de mistérios, e o meu temor: ser sequestrada por ele.

O portão de casa destrancado durante o dia... Quietude. A métrica de meu viver no coração da Savassi, do tempo em que a praça era, de fato, praça, da casa de chá Doce D'ocê.

Num dia, o meu planeta apareceu num telejornal. E pimpona fiquei, orgulhosa de ver a minha terra em rede nacional... Porém, em poucos segundos, veio o desapontamento. No fim da matéria, a repórter disse: Savassí.

Savassí... Oxítona! Acento agudo que fincou meu coração numa punhalada certeira. Percebi que o mundo real era enorme. Desconcertada fiquei por todo o dia. Fui dormir acabrunhada. Ao amanhecer, meu universo era outro: a casa de boneca. Eu, dolorida, virei menina moça, quase mulher, moradora de uma ilha, um horizonte, uma mina, nas Minas Gerais.

Para Marina Lima

somos

Xis xis ama xis ypsilon
Lovely!

Xis xis ama xis xis
It is not that ok.

Ooops!

LGBT chorus: Get out!

Ypsilon ypsilon ama ypsilon ypsilon
Is it good or bad?

Gosh!

LGBT chorus: Get out!

LGBT chorus: Get out of the closet!

Quem vai colar os tais caquinhos do velho mundo?

Pre-conception!

Quebrou não tem mais jeito!

Wonderful!

The kids are alright.

solidão

Qual sentimento do mundo? Compreendo que sentimos muito... Entendi e enxerguei este vasto e pequenino mundo, em suas palavras, caro poeta. Estás sozinho nesta cidade do Rio de dois milhões de habitantes, no quarto, na América. Imagem antenada, capturada pela memória. As palavras – imagens se equilibram em pontos e ação.

Sou sozinha e somos todos iguais. Estou na América do Sul, porém, nos cinco continentes, há os mesmos sinais, bem como hábitos distintos. Símbolos indiferentes... Fechados, abertos, inalcançáveis, programados, grande irmão, faça sol, haja chuva ou tempos nublados.

Lá estão: faróis dentro da noite, semáforo que verdeja, amarela e se avermelha. Ir de um lado a outro, setas, placas, orientações, andanças. Percursos a obedecer, ordenados para a desorientação, insensíveis à nossa solidão, vazia, estática, concordante.

Rua cheia ou não, estamos nós a seguir caminho rumo à chegada, a correr e a divagar, maratona da vida a repetir trajetos. O nada, a matéria efêmera.

Os sinais se perpetuam, ininterruptos. Um dia o planeta Terra será desabitado das efemeridades. Deserta a terra de gente, vai repetir os incessantes sinais? Avermelhados, amarelados, esverdeados...

E o relógio... Sem tique e sem taque, sem cuco. Os sons sem serventia. As luzes, lâmpadas destruídas. Resquícios. Finda a matéria humana, teremos pedras, ferros deformados, retorcidos.

A noite, demarcação, decomposição. O dia que clareia, ressurreição... A cada manhã, página escrita em letra cursiva até que a morte chegue, sem aviso prévio. Vamos um a um para o mistério. Somos uma multidão de eremitas à espera da revelação: ela... virá solitária ou iremos juntos pela detonação de todas as bombas: norte, sul, leste, oeste.

A segunda é gorda
A terça é magra
A quarta é fina
A quinta aguarda
A sexta promete.
O sábado, sétimo selo...
Domingo: abafa, abafa, abafa.

semanário

à espera que o

passe domingo

Para Clarice Lispector

Novamente é domingo.
A eterna madrugada.
As horas de sempre,
vazias, intermináveis...

Será o último descanso?
A penumbra das feiras?

Feira do comércio
Feira do banco
Feira do pagamento
Feira do supermercado
Feira da escola das crianças
Feira do sábado à noite,
diversão garantida!

Eterno domingo!
Quantos, em uma existência?
E quantos
para o almoço de família?

E quando não há mais casa dos pais
a ser visitada?
E quando não há mais notícias
da mulher amada?
E quando o homem cobiçado
parece comprometido
com outra namorada?

Sobram os retratos.
Memória revisitada.
E permissão do sono profundo
por horas a fio; fibra dominical.

Domingo é dia de missa,
da confissão, da hóstia, do pão.
Pecado perdoado.
Quisera Deus que todas as missas
fossem celebradas só aos domingos.

Seria ofício dado a esse tempo,
fagulha de esperança aos olhos meus.
Só o domingo seria de missa
e sacramento da penitência,
nada mais.

estrela

De soslaio,
vejo
sobrancelhas arqueadas.
Olhos delineados.
E não encaro.
Clarice, paragem
sem entrelinhas.
Os seus olhos fulgurantes,
estrela-guia,
me caminham,
onde quer que eu vá.
Sou Macabéa,
sou cartomante
e todas as linhas
de suas lidas.

beco josé

"*Que importa a paisagem, a glória, a baía,
a linha do horizonte? – o que vejo é o beco.*"
Manuel Bandeira

Imaginei Itabira!
Porto Alegre é...
Sem saída?
E agora, você?
Pergunta José.

*"Sua casa ficava para trás da Serra do Mim,
quase no meio de um brejo de água limpa,
lugar chamado o Temor-de-Deus."*
Guimarães Rosa

Nhinhinha, menininha.
Nhinhinha, de batismo, Maria.
Nhinhinha ouvia Deus.
Nhinhinha falava com anjos.
Nhinhinha, quietinha.
Nhinhinha ouvia os bichos
Nhinhinha via: o céu, a terra.
Nhinhinha dava sentido no mundo.
Nhinhinha, a menina do deixa, deixa disto.
Nhinhinha viu o que ninguém via.
Nhinhinha virou santinha.
De súbito:
faleceu.
Pegou doença das águas.
Morreu a esperança.
Nhinhinha partiu.
Todo mundo chorou, chorou.
No caixãozinho,
o corpinho miudinho
s'embora,
eternidade afora.
E não virou santa Maria,
mas sim
santinha.
Santa Nhinhinha.

meninota

nina

Com imenso pudor
falo de meu amor,
essa flor.

Poesia simples
de rima fácil,
fértil.

Nina é minha!
Garota, menina,
vila rica!

Mina:
ouro branco!

Quatro patas,
duas asas...
Anjo cão.

Cachorro quente,
comercial de margarina
é também tropicália.

Rima com piscina,
gasolina
e não é Carolina, não!
Nina, nome próprio,
apelido de gente,
sabe de mim...

E você, Nina,
é dona do meu coração!
Sou tua,
és minha:

moleca, sapeca, serelepe!
E eu?
Mãe de cachorrinha,
rinha de amor *ad infinitum*!
Aqui registro
a poesia para minha filha,
poodle: Nina!

origem

Mãe...
O legado da terra
Estradas áridas
Retas e curvas
Andanças
Paisagens.

Pai...
Descoberta do mundo
Mergulho no mar
Planeta azul
O passo do astronauta
na terra lunar.

Cruzar oceanos
Continentes
A noite que nunca cai:
o sol da meia noite...
O Cabo da Boa Esperança.

E na memória consentida
ao alcance dos olhos:
retrato,
bolero em branco e preto.
Enlaçados.

Pai e mãe
A dança
Rostos colados
Olhos nos olhos.

Antes de mim,
O amor registrado.
Concebida nesse amor
dos enamorados.

Sou cria
Filha
Fruto

1969 – A menina sorri...

palavras

Melodia da vida.
O sentir, o olhar,
tatuar brancos espaços.
Palavras vêm dos olhos.
Boca de imagens.
O mundo em sons.

Primeiras impressões:
mamãe, papai.
Mundo feliz.
Olhos felizes.

E ao passar dos anos
tantas palavras,
tantos sóis,
tantas noites.

Fotografias.
Inúmeras paisagens.
Palavras distintas.
Mamãe e papai...
Hoje é palavra saudade.

E saudade é palavra triste?
Cabe na memória.
Memória de palavras.
Imagens...
As palavras lindas.

A imagem de minha mãe sem vida
não tive coragem
de perder de vista.

Meu olhar enviesado
contemplou o céu
de cor que poderia
ser rio ou mar azul.
Minhas retinas
quiseram cegar-me
em face de tanta luz.

A imagem de meu pai sem vida
tive coragem
de perder de vista.
Olhei até o fim.
E devolvi-lhe,
na despedida,
a rosa que outrora
ele me dera,
eu, mulher.

Duas rosas, uma cor:
vermelha.
Minha face corou-se
de emoção
ao sentir que ele levou,
além margem, a rosa
que me dera em vida.

rosas

órbita

Mensagem:
modo avião,
vamos passear?

O tempo urge
para que todos se acomodem!
Apertem os cintos,
afrouxem os colarinhos,
arrumem seus trajes, vestidos,
descalcem os sapatos!

Atenção:
é chegada a hora de voar.
Dar um giro,
em volta
da Terra conhecida,
azul.

Ah,
advertência:
em caso de turbulência,
deem-se as mãos
e de mãos entrelaçadas
se tornem companheiros,
amigos,
irmãos!

Piloto avisa:
o tempo é desconhecido,
mas será cronometrado!

Alternativas:
ficar, saltar...
Continuar, esquivar.
Debaixo de cada assento,
o pára-quedas está!

Agora:
contagem regressiva,
palavra de comandante!
Na mão direita,
caneta bico de pena,
num instante
determina o roteiro
dos itinerantes!

Serviço de bordo:
Fiquem à vontade:
frutas, água em abundância,
a sede saciar!

Na velocidade de cruzeiro,
vocês avistam
um céu de brigadeiro!
Descortinam nuvens,
terras, oceanos,
ondas do mar!

E no planeta revisitado
Cada um pode optar:
são cinco os continentes.

E a bússola?
Quatro direções!

Nada a temer...
aos que em terra ignorada,
incógnita...
desejem pousar!

Árida,
seca,
desértica.
Lembrar...
Palavra
amar.

Dói.
Por certo,
deserto?
Abismo?
Oceano.
Ah... Mar:

nadar,
olhar,
sofrer.
Sôfrega
do amor antigo.
Resta o sal na boca,
ressequida.
Nos olhos,
areia do deserto,
decerto é.

Ah... Memória:
suores,
odores,
vapores
do verbo amar.

O beijo,
outrora correspondido,
é pálida impressão
do que já não há.

amar

em tarde

ser

É tarde
de agora em diante,
tardezinha,
manhãzinha da noite.

Entardecer que emudece
o horário comercial,
dias, semanas, meses,
calendários...
cotidianos.

Sou afeita às noitinhas.
Sou do silêncio,
da tardezinha caída,
fiel à noite que nasce.

Estranha sou ao universo
das noitadas regadas
a embriagados sorrisos,
destilados, entorpecidos...
O tilintar do gelo.

E as tintas no céu?
Cores estonteantes,
prenúncio...
descanso...
fadiga dos olhos meus!
Reverencio o trânsito...

Resto de sol e o astro
acena para a noite
... emerge.

E nada há a se fazer
mesmo horário...
É tardinha,
diário.
Horas.

O corpo cansado
arregado,
rende-se ao nada.
Nada o que fazer.

A navalha da noite
... surge,
cirúrgica e afiada.

Separa um naco de horas
para repouso,
cerrar de pálpebras.

Faz-se contagem regressiva:
olhos abertos...
semiabertos...
Regime fechado.

É o vazio da noite.
Calada, ela!
Calada, eu!

Duro não tocar neste assunto
quando é ele que me roça,
ligeiramente, a face...

Ela, afirmação: ela.
Imagem captada por meus olhos,
vinda dos teus.

Nos teus olhos,
um pedido de socorro
pelo tempo que se esvai,
inexorável.

Em tua pele tatuada,
marcada pelos anos,
o tempo...
Aflição.

O relógio
sempre a marcar,
desde o nascer,
horas, minutos,
o segundo tempo.

A maior idade.

Estou no mesmo estado:
espírito na carne.

Olhos, janela de sacada.
Pavor do escuro,
medo do dia claro,
medo do meio do dia,
medo do dia noite.

Paúra do relógio que anda
a passos regulares,
sem exceção.

Morte é bomba-relógio,
relógio bomba.
A qualquer hora
todos... embora.

Nesse intervalo
entre o nascer e o morrer,
a vida é a lida.

Assim caminha a humanidade.
Encontro marcado
com a eternidade,
um relógio
parado.

Desejamos aos que morrem
a quase certeza,
afirmação, sentença:
virou estrela!

Em qual firmamento brilhar
quando a hora chegar?
Pois se as estrelas que cintilam
morreram anos-luz
em outro lugar?

Em que galáxia
tremeluzir?

Na poeira da Via Láctea?
Ou de outras vias...

O nosso corpo
na terra, jazido –
buraco negro –
restos mortais.

O nosso corpo
se transformará em
fonte de luz
a brilhar em outros céus?

Céu, tão grande é o céu...

Se as estrelas do
céu já morreram,
qual será a nossa parte?
Falecida na terra,
florescente, fluorescente...
Espaços siderais...

interestelar

solitude

Para onde ir?
Não há lugar
sem existir...

A minha origem.
Desconhecida.
Seguirei para o além-vida
com meus registros gerais:

números e digitais.

Não há,
na vivência,
habeas corpus.

Carrego comigo
a mesma bagagem
para todo destino.
Memórias e matéria.

Artérias,
sangue,
veias,
músculos.

Nos olhos,
um mirar
peculiar.

Atributo
de lentes castanhas,
que filtram o mundo,
essa terra minha.

Fronteiras,
território,
país.

Não há alternativa.

É chegada,
cronômetro,
vida,
saída!

O mundo é meu
O mundo é seu
O mundo é nosso.

Em todas as cores,
em letras,
em flores.

Amassos,
papéis descartados,
amor em pedaços.

Abraços não dados,
pequenos estilhaços,

mãos que não se encontram,
olhares que se tocam,
beijos inebriados.

São mundos no mundo
mudo, estático, amor calado.

Mundo falado,
amor caiado.

Mundo gigante,
saudade distante.

Mundo pequeno,
amor, veneno, ameno.

Mundo, mudo,
sozinho.

Do pensamento
que se faz letra
e letra que frase faz.

universos

A frase pode vir lenta,
o desejo, porém, sempre audaz!

Oh, mundo, mundo, mundo.
Três vezes mundo.
Três mundos.

Verde!
Amarelo..
Vermelho.
Ponto final

Vermute
Amarula,
... coagula?

São veias,
veios, viés.

Rio
choro
deságua
no mar.

Mundo dos mapas,
das minas,
tesouros,
bombas,
gerais.

Mundo casto
e vasto,
micro,
macro.
Mensagem na garrafa
e pombo-correio.

Desatinado.
Destinado.
Dominado.
Fim, sempre, finado.

Ar, terra, fogo, água.
Um dia o mundo acaba!
E o amor em pedaços,
a letra em papel,
o abraço não dado,
as mãos separadas
e os olhares cruzados...

Poeira,
pó
no pote.
Fechado...
Lacrado?

Ou cinzas jogadas ao vento
nas asas dos pássaros.

Em que caixa
guardar a recordação,
fotos não impressas?

O território da memória
não mais palpável,
sem tato.

– Que mundo é este
das poses
para capturas de telas?

– Das paisagens
escolhidas a dedo
para polaroides urbanas?

– De caras
para autorretratos,
atropelo de...
selfies?

No click certo,
fotos engaioladas
por celulares
entulhados
de naturezas mortas.

– O mundo é este:

os olhos são tantos
de cores diversas.

A íris pigmenta...
dá cor aos olhos seus,
aos meus.

memorabilia

Os seus são azuis?
Azuis esverdeados?
Castanhos...
Enviesados,
talvez, alheios?

São seus olhos
verdes,
avelã?

Âmbar,
vermelho, albino,
daltônicos?

– O mundo é este:

câmera,
camêra lenta,
tela,
brilho,
itens ocultos,
itens apagados,
imagem de fundo.

Não mais
porta-retratos,
mas sim
deslembranças nas mãos.

Os olhos são
câmeras da alma.
Um par para cada um,
singular
ser humano...

Num bom diálogo,
ao caminhar das palavras,
podemos tocar
nos olhos dos seres.

Sirvamo-nos
dessa peculiaridade da prosa
para o compartilhamento
dos pães.

Não saque o celular.
Use uma expressão,
vogais, consoantes...

Substantivo
verbo
in
transitivo
direto.
Predicado,
adjetivo.

Crie a história.
fale do seu retrato
congelado na memória.

Me faça acreditar
e me permita ver
dentre suas palavras
o que seus olhos enquadram.

E assim
a palavra,
crédula,
mediante
minha crença,
tornar-se-á
imagem consentida!

Sorria!
Você está sendo filmado.
Por isso sorria?
O sorriso vem antes do filme rodar?
Ação?
Sorria porque você está sendo filmado.
Estamos sendo filmados.
O nosso dever é sempre sorrir
em face da câmera oculta.
Todos paparazzi,
quinze segundos de fama...
Twitter,
Facebook,
Instagram!
E para viralizar na web,
nos blogs e redes sociais,
tem hora.
Repercussão na internet.
Oh yeah!
Em que nos transformamos.
Meu Deus...
Sinuca de bico!
Em que ano estamos?
Criaturas indomáveis.
Silêncio.
Não aos celulares turbulentos,
sim... Modo avião.
Um minuto de silêncio.
Desconectada estou
por likes que não se cruzam,
selfies perdidas
não se reconhecem,
enevoadas.
Por mãos que não dão

minuta

nem uma mãozinha.
Em que ano estamos?
Os passos,
pegadas conhecidas,
hackeadas.
Pergunto a vocês, criaturas:
vocês sabem onde estou,
rastrear, localizar?

No agora,
momento
desconectado
desplugado
sem luz
domínio da escuridão.
Lanterna,
frente ao papel...
Eis uma pista.
Paro neste instante
de bater continência
para cada ruído distinto
do celular.
Despertador
Mensagem
WhatsApp
Câmera
Relógio.
Tantas funções
prum aparelho
mal-criado.
Criaturas de Deus,
tornamo-nos
escravos:
Google Maps

Google
pesquisa
GPS
Waze
Livros?
E-books?
Enciclopédias,
não mais,
mofadas.
Dicionários.
Para que servem os
dicionários?
Código
Palavra
Parágrafo
Frase
Parágrafo
Texto
Parágrafo de papel.

Múltipla escolha?
Tema livre?
Eis a questão.

Relato aqui
não um boato
talvez boletim.

Sucedeu-se
um fato
que me paralisou
ao dobrar a esquina
de um parque
de esfera municipal.

Ouvi um gemido
conclusivo
cheio de indícios...

A consonância,
a harmonia
do murmúrio.
Um sussurro,
doce e final.

Traduzi o suspiro
não como lamento,
e sim resposta,
conciliatória.

Posto que a dupla
ignorou-me como dado,
permiti-me o anonimato.

Posicionei-me
como testemunha silenciosa
do caso.

Sem perguntas,
nomes,
números,
as faces desconhecidas.

ocorrência

Conformei-me
com a audiência
recatada do ato.

No entanto
Deus, todavia
numa conjunção
entre o corpo e o que é santo,
fez cair em mãos minhas...
uma folha outonal.

Folha árida e seca,
clamante por sangue!

E, de súbito,
as mãos quentes se tornaram lívidas,
de cera, exangue,
inobedientes!

E eu petrificada,
por não louvar a Deus...
impacto de sangue,
recorri à lágrima,
incontida,

para registrar em folha seca
este pequenino,
divino boletim de ocorrência!

meu canto

biografia

ormada em Jornalismo (PUC-Minas, Belo Horizonte) e em Teatro (Faculdade da Cidade, Rio de Janeiro) também estudou Teatro em Nova York no *The Lee Strasberg Theatre & Film Institute*. Como escritora, publicou "Uma viagem além da porta" (Crônicas, 2009) e "Alguma prosa poética" (Poesia, 2015). Participou do Programa de Formação de Escritores / Oficina de Escrita Criativa promovidos pela Academia Mineira de Letras, conduzidos pela professora Barjute Bacha, em 2018. Na ocasião, alguns de seus textos foram selecionados para integrar a "Coletânea – Prosa e Poesia / 2018" – primeiro livro digital publicado pela Academia Mineira de Letras. Recentemente, alguns de seus textos têm sido selecionados em concursos e antologias poéticas.

◣ **Epígrafe** - *Citação*
ANDRADE, Carlos Drummond de; CASTAÑON, Júlio Guimarães (Org.).
Poesia 1930-62. São Paulo: Cosac Naify, 2012. p. 86.

◣ **Entardecer** - *Citação*
ANDRADE, Carlos Drummond de. *Boitempo [Biblioteca verde]*. São Paulo:
Abril Educação, 1980. p. 67-68.

◣ **Recaída** - *Citação*
"Cajuína", de Caetano Veloso.

◣ **Beco José** - *Citação*
BANDEIRA, Manuel. *Meus poemas preferidos [Poema do beco]*. São Paulo:
Ediouro, 2002.

◣ **Meninota** - *Citação*
ROSA, João Guimarães. *Primeiras estórias [A menina de lá]*. Rio de Janeiro:
Nova Fronteira, 2008.

◣ **Interestelar** - Remissão ao verso *"Céu tão grande é o céu "*, da música
"Dindi", de Antônio Carlos Jobim e Aloysio de Oliveira.

◣ **Somos** - Remissão aos versos da música *"Pra começar"*, de Marina Lima,
e ao nome do filme americano *"The kids are alright"*, de 2010, direção de
Lisa Cholodenko.

◣ **À espera que o domingo passe** - Título adaptado remissivo à crônica *"Ao
correr da máquina"*, constante do livro *"A descoberta do mundo"*, de Clarice
Lispector (Rocco, 1999).

referências bibliográficas

leia também

tamb�m

Uma viagem além da porta
(Crônicas, Editora Mazza, 2009)

Alguma prosa poética
(Poesia, Amazon.com, 2015)

leia também

Este livro foi composto em tipologia Zapf Humanist, corpo 11, predominantemente.
Capa impressa em papel Supremo 250g e miolo impresso em Off Set 90g.